LOUIS XVII.

LOUIS XVII.

RÉPONSE A UN ARTICLE CRITIQUE

DE LA

REVUE CONTEMPORAINE;

PAR

l'Auteur de la *Réfutation de l'ouvrage de M. de Beauchesne :*

LOUIS XVII

SA VIE, SON AGONIE, SA MORT.

———

IMPRIMÉ POUR LE COMPTE DE L'AUTEUR.

BREDA,
BROESE & COMP.
—
Septembre 1858.

Encore un écrit sur Louis XVII, va-t-on dire! Pourquoi pas, répondrai-je, puisque c'est une réponse à un écrit contre Louis XVII. La haine politique que la révolution française a suscitée contre la monarchie légitime de France est aussi persistante, non moins implacable que dans les jours de 1793. Elle a traversé toutes les époques, tous les gouvernemens qui se sont succédé en France, pour arriver jusqu'à nous, fortifiée toujours des répugnances de la diplomatie étrangère; et la branche aînée des Bourbons reste proscrite, frappée d'anathème, comme une famille de trop sur la terre, mise à l'interdit par toutes les classes de la société. Voilà une vérité certaine qu'il n'est donné à aucune puissance de détruire; car ceux-mêmes qui la nient en établissent la justification par leur mode de controverse, où l'on ne voit jamais figurer les mémoires historiques, les témoignages de conscience, et les faits incontestables qui démontrent invinciblement, à la saine raison dégagée de tout préjugé, de tout esprit de parti, que Naundorff était véritablement le fils de Louis XVI.

Si nos contradicteurs, qui se font de leurs paroles oiseuses des argumens que le plus commun bon sens désavoue, ne redoutaient pas l'éclat de la lumière, s'ils croyaient franchement que Louis XVII fût mort au Temple, ils ne dissimuleraient pas les preuves du contraire que nous avons produites, et dont l'importance décisive est pour eux si gênante qu'ils n'en parlent jamais, et qu'ils ferment les yeux pour se soustraire à l'éblouissement qu'elle leur cause. De pareilles critiques, — les seules possibles, contre une vérité qu'on peut nier mais non combattre par des moyens logiques et raisonnables, — sont l'argumentation la plus irrésistiblement démonstrative de l'origine royale qu'on ne veut pas confesser. Voilà pourquoi en effet les souteneurs d'un mensonge politique sensément inadmissible, et auquel eux-mêmes ne croient pas, condamnent leurs adversaires sans vouloir ni les écouter, ni publier leur défense; pourquoi ils reculent devant une discussion sérieuse et contradictoire, dans l'examen de la question par eux ridiculement défigurée, et moins que jamais résolue pour l'opinion publique, puisque leurs affirmations imprudentes et purement déclamatoires la tiennent toujours pendante devant ce tribunal souverain.

Les révélations du bourgeois des villes de Spandau, Brandebourg et Crossen, concernant l'évasion du Dauphin hors du Temple et l'identité de ce personnage avec l'enfant royal, se sanctionnent par des élémens de certitude qui, n'étant pas son ouvrage; donnent à ses communications un cachet d'évidence manifeste, l'indélébile empreinte de la légitimité; et pourtant la plupart des écrivains, faisant mépris d'autorités respectables, dignes de foi, s'il en fut jamais, ne craignent pas d'assumer sur eux la responsabilité morale des souffrances d'une famille lâchement méconnue, cruellement opprimée; car ils entretiennent dans le monde, à dessein, de déplorables erreurs funestes à son repos, en traitant d'imposture, touchant l'histoire de Louis XVII, toute parole qui n'est pas écrite dans leur livre ou dans leur journal. Ils veulent ingénuement faire croire à la mort du Dauphin au Temple, sur la seule garantie d'un acte dont la forme et le fond méritent d'autant moins de confiance qu'il a été démenti par d'autres, appartenant au gouvernement dont il émane, et ultérieurement par la marche de la politique, en France et à l'Étranger, depuis cette époque jusqu'à ce jour. Y a-t-il là bonne foi, impartialité dans la recherche de la vérité pour ne la proclamer qu'après avoir étudié avec esprit de droiture les faits propres à la faire découvrir, sans s'inquiéter des conséquences qui en découlent? Non certainement. De pareils écrivains ne traitent pas un point d'histoire; ils remplissent un rôle politique, en se gardant bien d'éclairer les consciences honnêtes, qui exigent, pour former leur jugement, quelque chose de plus substanciel que des paroles.

On dit et l'on répète à satiété que l'on ne refait pas l'histoire, et que l'histoire fait mourir le Dauphin au Temple! C'est-là une erreur grossière, qui, de la part de ceux qui la propagent, n'a de consistance pour eux que dans une complète ignorance du sujet sur lequel ils prononcent en aveugles, ou dans leur résolution systématique de ne pas vouloir admettre une tradition demi-séculaire, sanctionnée par tous les genres d'élucidation, qui établit historiquement que le Dauphin s'est évadé du Temple.

L'histoire! Docteurs des ignorans! C'est dans vos cœur de glace que vous la voyez écrite telle que vous voudriez qu'elle fût. L'histoire véritable apparait, tout autre que vous ne la racontez, aux intelligences droites et aux cœurs sensibles. Qui fait mourir le Dauphin en 1795 ? Les écrivains officiels. Mais ces historiens, copistes les uns des autres, n'ont pas écrit l'histoire; puisqu'une foule de mémoires et de renseignemens historiques les contredisent: ils se sont rendus complices des pouvoirs qui l'obscurcissent dans les intérets machiavéliques de leurs immoralités gouvernementales.

Ici, nous aurions à enregistrer des aveux qui font voir le peu de valeur qu'a l'histoire dont ou se prévaut, aux yeux de ceux qui nous l'opposent.

D'abord, ce sont les gouvernemens qui ont dit, avec un Ministre prussien: «Nous ne voudrions pas que le Duc de Normandie fût reconnu; car sa reconnaissance serait le déshonneur de toutes les têtes couronnées.»

Viennent en suite les légitimistes de l'usurpation qui ont déclaré: «Louis XVII est un Prince prescrit; il est venu trop tard; nous avons le Duc de Bordeaux; nous n'en voulons pas d'autre; il a été décidé entre nous que nous ne nous occuperions de cette affaire que pour la faire envisager comme une imposture.»

Les hommes politiques à leur tour objectent: «Nous voulons rester neutres dans toute cette polémique assez inutile, — pour la vérité seulement mais non pour le mensonge: — à quoi nous servirait effectivement un prétendant de plus? N'en avons-nous pas déjà assez?»

Enfin la masse des indifférens nous répondent: «Qu'est-ce que cela nous fait au surplus que le fils de Louis XVI ait survécu à son emprisonnement révolutionnaire, et que sa famille soit méconnue? La question n'a pas d'importance.»

Incrédules intéressés à l'être, gens de partis, égoïstes de toutes les classes, vous jouissez en paix du bien-être de votre position sociale!

Qu'est-ce que cela vous fait, en effet, que la politique ait déclaré mort un homme vivant qui la gênait, et laisse ses enfans frappés comme lui de réprobation, abreuvés d'amertumes, déshérités des sympathies publiques, privés de la part d'existence à laquelle ils ont droit, non moins que vous, dans la grande famille humaine? Leurs souffrances ne troublent pas votre repos! Cela ne vous fait rien! Si votre conscience de chrétien ne vous reproche pas cette cruelle indifférence et cette révoltante individualité, à merveille! Soyez heureux à votre manière; c'est un genre de félicité que je n'envie pas.

Pour moi, la question de la vie ou de la mort de l'Orphelin

royal, postérieurement à l'acte qui le fait mourir au Temple, est une question d'humanité, et je sens, comme *un auteur païen* l'a dit, que tout ce qui regarde l'humanité ne peut pas, ne doit pas m'être étranger. L'intérêt personnel même, bien entendu, justifierait ce sentiment, s'il n'était pas commandé par la vraie religion divine qui veut que nous aimions notre prochain comme nous-mêmes, que nous ne lui fassions rien de ce que nous ne voudrions pas qui nous fût fait à nous-mêmes, et, bien au contraire, que nous nous conduisions envers lui comme nous voudrions que les hommes fissent à notre égard : car quiconque veut être protégé par la loi doit vouloir que la loi protège aussi les autres. Autrement, dans des circonstances analogues à celles qui nous trouvent insensibles, il n'y a plus de sécurité pour personne, contre l'oppression des pouvoirs politiques et religieux. L'apathie privée et le silence de l'opinion publique sont la sauvegarde des oppresseurs.

L'évangile divin convie tous les hommes à s'aimer entre eux, à l'assistance de ceux qui souffrent, à défendre le juste persécuté, à assurer le triomphe de toutes les justices et de toutes les vérités, en flétrissant de leur sainte indignation les mensonges publics, et les pouvoirs injustes ; mais les considérations de famille, d'individu, d'homme politique, subordonnent les devoirs du chrétien, la miséricorde et l'amour, qui en sont le principe fondamental, à l'intérêt personnel qui se transforme sous mille faces, pour se justifier à soi-même le prétexte de ne pas accomplir les deux plus grands commandemens de la loi, qui les renferment tous.

Et dans un monde de chrétiens qui se vantent de croire en Dieu et en notre Seigneur Jésus-Christ, qui font de ferventes démonstrations de piété extérieure, nous voyons se perpétuer, au grand scandale de tous les pouvoirs politiques et religieux, une iniquité dont le principe remonte aux derniers temps du dernier siècle, qui écrase toute une famille humaine alliée à plusieurs des maison régnantes ; sans qu'une voix puissante s'élève en faveur des innocens contre leurs persécuteurs politiques ! Loin de là ; la haine et la calomnie, dont les sourds murmures bruissent constamment à nos oreilles, les poursuivent jusque dans leur retraite obscure ; et on laisse languir et se dessécher, dans les déserts glacés de l'égoïsme social, une veuve et huit enfans, auxquels on dénie, en quelque sorte, le droit de vivre, par le peu de soucis qu'on prend de leur sort lamentable, et la froideur dédaigneuse avec laquelle les gens heureux, selon le monde, les gouvernemens qui doivent la justice, et *le royal spoliateur de leur patrimoine* accueillent les gémissemens de la douleur qui, de temps à autres, s'échappent du sein de l'infortune solitaire !

Ces réflexions, nourries dans la tristeste de mon cœur, pendant vingt-trois ans d'efforts stériles pour faire redonner, par une équitable dispensation de leurs droit civils, aux descendans des martyrs royaux, une existence sociale ; ces réflexions se réveillent toujours plus péniblement en moi, toutes les fois que je me sens obligé à reprendre la plume pour légitimer les droits du fils de Louis XVI, devenu Orphelin par les plus grands des crimes de cette terre, condamné, au sortir du Temple, à cinquante année d'angoisses de plus que la Duchesse d'Angoulème, qui l'a méconnu, et dont on béatifie la mémoire.

Ces réflexions, plus que jamais de circonstance, ont aussi pour but d'expliquer le motif de la publicité que je donne à la lettre qu'on va lire. M. le Rédacteur de la *Revue contemporaine* a fait une article critique de ma réfutation de l'histoire de Louis XVII par M. de Beauchesne. Je lui ai adressé cette lettre, avec prière de l'insérer dans sa revue ; c'est une justice que j'avais le droit de réclamer ; on me l'a refusée ; je me la rends moi-même.

L'auteur de la critique se plaint de mon peu de courtoisie dans la manière dont je traite mes adversaires, et de la violence de mon langage.

Comment garder du sang-froid, et ne pas ressentir l'émotion d'une âme amèrement indignée, devant une détermination calmement résolue, de la part des écrivains et des gouvernemens, de ne pas vouloir reconnaître une origine royale devenue manifeste par des écrits irréfutés et irréfutables ; et de la repousser constamment par des dénégations systématiques, jamais motivées, toujours les mêmes ; quoique mille fois réduites au plus complet néant ; toujours redondantes, comme ces paroles du charlatanisme dont on amuse la sottise et l'ignorance ?

Comment ne pas se laisser surprendre par des expressions souvent violentes, en voyant défigurer, dans les intérêts d'une politique ennemie de toute justice qui contrarierait ses combinaisons, une vérité sacrée pour nous, en nous trouvant sans cesse replacés dans la nécessité de combattre des contradicteurs qui ont la prétention de nous convaincre d'erreur, et qui ne nous objectent que des paroles, des erreurs et des fables ; telles que celles dont se compose l'histoire de M. de Beauchesne ?

Comment ne pas traduire par un langage passionné l'inmense douleur que nous ressentons, de ne pouvoir remuer la conscience de nos adversaires directs, qui se tiennent toujours à l'écart, mettant inconsidérément leur honneur royal, formellement attaqué par nous, sous la seule sauvegarde des plumes complaisantes de leur parti?

Oh! alors quand j'écris pour repousser l'outrage fait, dans la personne de leur illustre père, aux nobles et infortunées victimes royales que j'ai là, sous mes yeux; je ne puis mesurer ni calculer les mots qui découlent de ma plume vengeresse et justificative.

Si c'est-là un tort, je m'en reconnais coupable; mais je suis loin de m'en repentir, et je ne me sens nullement l'inclination de m'amender. Au surplus des faits constans accusent, jugent et condamment, bien plus impitoyablement que les plus énergiques récriminations, ceux auxquels s'applique la rudesse de mon style; et puisque M. le Rédacteur de la *Revue contémporaine* a bien voulu m'avertir charitablement que mon mode de controverse est blessant pour mes adversaires; qu'il me permette de lui conseiller de s'occuper un peu moins de la forme et beaucoup plus du fond, ses lecteurs y verront plus clair. Je lui laisse aussi à décider si lui-même, en mettant sous le boisseau la lumière que je lui apportais, n'a pas manqué de courtoisie envers moi, et d'égards envers son public qui me semble quelque peu mystifié par l'énoncé d'imaginations calquées sur celles de Lasne et de Gomin, fabuleux inspirateurs de M. de Beauchesne. «La violence des qualifications que je donne à nos adversaires, a-t-il prétendu, en atténue la portée.» L'appréciations n'en appartient qu'à ceux qui connaissent le pour et le contre du point d'histoire peu connu selon la critique elle-même; et la conscience éclairée de ceux-là, qui jugent avec discernement, s'est depuis longtemps prononcée à ce sujet. La véhémence de mes accusations, auxquelles on n'a jamais osé répondre, est pour eux le plus puissant argument en notre faveur; car, disent-ils, avec infiniment de justesse; «Le silence de ceux qui sont si peu ménagés n'a pour cause que l'impossibilité où ils sont de contredire par la vérité les écrits si directement accusateurs contre les proscripteurs de Louis XVII et de sa famille.»

Quand parurent les *Intrigues dévoilées,* — 1846 à 1848 — on eut aussi la bonhomie de se plaindre, dans des cercles de la haute aristocratie, que je n'avais pas assez épargné les grands, et que j'avais fait du tort à la famille des infortunés dont je défendais les droits, par l'amertume de certains passages de mes publications. C'était-là une pitoyable dérision;

car la tombe recelait les dépouilles du Roi Louis XVII, mort sous le poids du mépris des grands, avant que je publiasse cet ouvrage. Même encore aujourd'hui, ces grands si à contre-sens susceptibles dans leur honneur, ne maintiennent-ils pas, contre la reconnaissance du fils de Louis XVI, une malfaisante coalition, formée de toutes les nuances de l'opinion publique, pour tromper les débonnaires et faire, à l'innocence royale persécutée par eux, une vie d'humiliation et d'isolement!

En terminant cet avant-propos, je saisis donc l'opportunité de répondre, une fois pour toutes, à ces reproches, que la presse journaliste a quelquefois reproduits, et je dis aux grands avec Voltaire dans ses remarques sur l'histoire:

«Si quelque Prince et quelque ministre, — si quelqu'autre grand personnage — ont trouvé dans mes publications des vérités désagréables; qu'ils se souviennent qu'étant hommes publics, ils doivent compte au public de leurs actions: que c'est à ce prix qu'ils achètent leur grandeur: que l'histoire est un témoin, et non un flatteur: et que le seul moyen d'obliger les hommes à dire du bien de nous, c'est d'en faire.»

Je leur répondrai enfin par eux-mêmes, avec M. de Châteaubriand, faisant en 1838 l'oraison funèbre du Dauphin, censé mort en 1795, quoiqu'il ait avoué que depuis l'arrivée de Naundorff en France, «il s'était convaincu que le Dauphin «n'était pas mort au Temple; et qu'il n'oserait point affirmer «que Naundorff ne le fût pas:»

Pitié pour les bourreaux révolutionnaires de l'Orphelin du Temple? Pitié pour les diffamateurs du fils de Louis XVI; pour les contempteurs de sa royale famille, comme lui mé-connue? Ont-ils donc eu quelque pitié pour leur roi, pour leur maître, ceux qui ont meurtri de leurs soufflets ce front où la place de la couronne de France était marquée!

Non, point de pitié pour eux! Point de pitié pour les mo-dernes Simons! Car ici la pitié serait un crime contre la morale publique et contre la conscience du genre humain.

Breda, 15 Mars 1858.

A Monsieur de Calonne, Rédacteur en Chef de la Revue Contemporaine, *à Paris.*

MONSIEUR.

Ce n'est que le mois dernier seulement, dans un court séjour que j'ai fait à Bruxelles, que j'ai connu la dissertation, signée Ch. Trapadoux (Vol. 55, p. 416 à 419 de la Revue Contemporaine), qui appelle l'attention de vos lecteurs sur ma réfutation de l'histoire de M. de Beauchesne, « Louis XVII, sa vie, son agonie et sa mort; » autrement je n'aurais pas tardé si longtemps à vous témoigner toute *la satisfaction* que j'ai éprouvée en la lisant, et à remercier l'auteur de cet article de ce qu'il a bien voulu dire de flatteur pour moi, car je prends pour de la bienveillance ces paroles :

« M. Gruau de la Barre est convaincu que Naundorff et Louis XVII n'ont jamais été qu'une seule et même personne. Sa conviction, à cet égard, est passée à l'état d'idée fixe, il affirme que le Dauphin est sorti vivant du temple, qu'on lui a substitué d'abord un enfant muet, ensuite un enfant rachitique. Il est convaincu, que pour étouffer cette ténébreuse affaire on a tué ou emprisonné un nombre incalculable de personnes, que toutes les chancelleries, toutes les archives de la police de l'Europe possèdent à l'appui de ce fait d'irrécusables documens; enfin il voit sans cesse et partout une combinaison infernale, une vaste ligue organisée pour empêcher la vérité de se faire jour. Sa foi et son dévouement ont survécu à celui qui en fut l'objet, (Naundorff mort à Delft en 1845), et se sont reportés sur ses enfans.......

« Quant à sa manière de grouper les témoignages, de relever *les moindres erreurs* que ses contradicteurs ont commises, on est forcé d'y reconnaître une véritable habileté. Son esprit, *obsédé d'une idée fausse* fait d'immenses efforts pour la soutenir ; il accumule *les plus minutieuses circonstances* dans l'espoir que, réunies en faisceau, elles prendront l'autorité d'une démonstration certaine. C'est par son exagération même, par l'emportement d'une *conviction, erronée sans doute, mais incontestable,* que ce livre nous a intéressé par momens ; c'est surtout parce qu'il discute *un point d'histoire non pas douteux, mais très-peu connu.* . . . . . .

« *l'Ouvrage de M. de Beauchesne étant une irrésistible et tacite réfutation des imposteurs* auxquels une mort supposée du Dauphin servait de point de départ, on conçoit qu'il ait eu à soutenir les plus rudes attaques de ce côté. M. de la Barre le prend à partie et prétend le réfuter à son tour, il le suit pas à pas, il le harcelle, il cherche le défaut de la cuirasse. Tantôt *il dispute avec lui sur un mot ou sur une phrase ;* tantôt il fond sur lui tête baissée, il l'attaque avec une animosité sans égale. Sa manière de combattre n'est pas précisément courtoise. . . . . . . rendons cependant à l'auteur cette justice, qu'il ne dénature jamais les citations, sa bonne foi dans la discussion nous semble aussi évidente que son manque d'urbanité, son adresse n'est pas moins incontestable ; pour la subtilité, il rendrait des points à un casuiste, il ne laisse absolument rien passer. . . . . c'est surtout quand il examine les dépositions des deux gardiens du Dauphin, *Gomin et Lasne,* qu'il est habile à relever *l'ombre d'une erreur.* . . .
. . . .

« *Il serait facile de* multiplier les exemples à l'infini, et *de démontrer plus clairement les procédés de cette tactique puérile.* Mais à quoi bon, et le lecteur n'a-t-il pas déjà compris que nous n'avons attaché de valeur à ce livre qu'à titre de curiosité historique. »

Ainsi l'auteur de la critique reconnaît ma bonne foi ; c'est rendre justice à mes sentimens de loyauté ; il convient que ma conviction de l'identité de Naundorff avec le Dauphin est incontestable et passée à l'état d'idée fixe ; c'est supposer indirectement que je ne l'ai pas formée à la légère et qu'elle a, dans mon esprit, des élémens de certitude rassurans pour une conscience droite et honnête, et pour une intelligence capable de raisonnement ; puisqu'il admet que je soutiens ma thèse avec adresse et habileté. Pourtant si, comme il le prétend, ma croyance était erronée, j'aurais moi-même une bien pauvre opinion de mon jugement qui m'aurait fait prendre, avec mûre réflexion, des chimères pour des réalités. Un nouvel adversaire, surgi contre moi, avec toutes les formes de la plus exquise politesse, combat vingt-deux années d'efforts en-

trepris à la défense d'une illustre et incommensurable infortune, qui se perpétue sous mes yeux, dans la personne de
ceux que je considère comme les descendans et les héritiers
de notre vieille monarchie légitime brisée, depuis plus de
soixante ans, par une politique révolutionnaire; permettez que
je proteste contre ces paroles de la critique :

« Espérons qu'il ne sera plus question désormais de ces
« doutes ridicules, et que *Naundorff* ira rejoindre, dans l'oubli
« et dans le mépris, les Hervagault, les Richemont, les Wil-
« liams, tous les imposteurs et tous les fous, dont notre cu-
« riosité s'est enfin lassée. *La mort de Louis XVII est un*
« *fait acquis.*»

J'ai une trop haute idée de votre impartialité, Monsieur le
Rédacteur, pour ne pas me flatter d'avance que vous consen-
tirez à insérer ma présente réclamation dans le numéro prochain de votre Revue. La question débattue est d'un trop
puissant intérêt, sous des rapports d'humanité, et de vérité
historique, pour que la presse accusatrice n'ouvre pas ses
colonnes à la défense de ceux qu'elle attaque et condamne. Il
ne s'agit ici, d'ailleurs, que d'une polémique entre des historiens contradictoires sur une question de famille et de droits
de succession civile dont la solution même tournerait au
bénéfice moral de la dynastie régnante, si l'opinion nationale
n'acceptait pas que la mort de Louis XVII au Temple fût un
fait acquis. En effet devant les héritiers inoffensifs du Duc de
Normandie, les partisans du Comte de Chambord, — fusionnés
avec ceux des d'Orléans, — ne seraient plus qu'une faction usur-
patrice du principe de légitimité, qu'ils exploitent *in petto*,
et leur chef, l'injuste détenteur du patrimoine de ses aînés.
Je n'ai pas besoin de vous prévenir, Monsieur le Rédacteur
en chef, que vous êtes personnellement en dehors du débat;
et que je réponds au panégyriste de M. de Beauchesne :

« Le scepticisme tant reproché à notre siècle, dit l'antago-
niste que je combats, a produit par fois d'heureux résultats.
S'il a rendu plus rares les fidélités héroïques, et substitué aux
élans de la foi les froids calculs de la raison, il nous a épargné
en revanche des erreurs sans nombre, et de funestes entraî-
nemens. . . . . . . Pourquoi donc de nos jours la croyance
à l'existence de Louis XVII a-t-elle trouvé si peu de partisans
et tant d'incrédules? A quoi a-t-il tenu que *Naundorff* ou Richemond, sortant du rang des aventuriers vulgaires, n'aient
grossi la liste tragique des imposteurs; et comment ce qui
aurait pu être un drame n'a été qu'une médiocre comédie?
Nous l'avons dit : nous en sommes redevables à notre scepti-

cisme tant calomnié; à notre crainte d'être dupes; en un mot à notre bon sens.

« Certes cette façon de qualifier Naundorff paraîtra au moins impertinente à M. Gruau de la Barre, mais *en de tels sujets il est difficile de garder des ménagemens :* et du reste la violence de sa polémique, la manière dont il traite ceux qui n'admettent pas ses affirmations, sont bien faites pour mettre à l'aise la critique la plus timorée. »

Est-ce donc à dire que ceux qui croient n'ont pas le sens commun? Ce serait calomnier les plus hautes intelligences qui, loin de dissimuler leur conviction, l'ont avouée et soutenue avec énergie contre les arrêts de la prévention, contre l'esprit de parti, contre les mille et une considérations qui ont rendu peu populaire la cause du royal opprimé. Si ceux qui tiennent ce langage eussent suivi comme moi pas à pas, progressivement, le développement de ce fait prodigieux de notre histoire contemporaine, ils se seraient assurés que les croyans à Louis XVII ont été nombreux, qu'il s'en est trouvé, et qu'il s'en trouve toujours dans les rangs les plus élevés de l'ordre social; j'en ai pour preuve vingt ans de correspondance avec la France, avec l'Allemagne, avec l'Angleterre, avec la Hollande, depuis l'exil que je me suis imposé, en me dévouant à la défense du Prince que le 21 Janvier 1793, d'épouvantable mémoire, avait fait Roi légitime de France, et qui est mort Roi, selon les anciennes constitutions du royaume, sinon de fait, du moins de droit, sur la terre de la proscription. Si aujourd'hui sa famille malheureuse est délaissée; c'est que l'égoïsme gouverne le monde, et que la sympathie pour elle ne peut plus s'asseoir sur un intérêt possible d'avenir; mais les partisans de Louis XVII ne sont pas rares, même encore aujourd'hui. Que de noms imposans je pourrais citer si je voulais en composer une liste. Vous y verriez figurer les sommités du parti soi-disant légitimiste, des écrivains du plus grand mérite, des hommes d'état de tous les pays; des Princes aussi de sang royal. En 1814 les souverains alliés ne croyaient pas à la mort du Dauphin au Temple; et les Bourbons, qui ont refusé *le coeur de l'enfant mort au Temple,* n'y ont jamais cru. Cette croyance n'est donc pas dénuée de sens commun.

On vante le scepticisme de notre époque! Oui, on est sceptique pour la vérité qui demande examen et application d'esprit; on est crédule pour les erreurs que popularisent la foule et une opinion dominante. On est crédule pour la calomnie, et incrédule pour la défense des calomniés. Celui qui le premier veut éclairer ses concitoyens sur un point de croyance erronée passe pour un visionaire, et l'opinion publique s'ameute en quelque sorte contre lui, jusqu'à ce qu'une voix prépondérante lui ait donné raison contre la sottise humaine. Le monde en général ne sait pas se prêter à une réforme quelconque, et préfère une erreur accréditée à la vérité contraire qu'on lui laisse entrevoir; parce que l'erreur favorise les mauvais penchans de l'individu, et que la vérité les combat; parce que l'humanité se classe en catégorie, que les hommes, un peu moutons, suivent leur chef de file sans se demander où il va; et qu'il faut avoir un caractère bien énergique pour se soustraire à des influences qui gouvernent toutes les sortes d'égoïsme. Voilà ce que vaut le scepticisme de notre époque, dont la sagesse et les lumières sont si vantées!

Mais si le bon sens préserve d'une crédulité aveugle, sur des choses et des faits qui n'ont pas pour sanction les élémens raisonnablement logiques de conviction; le bon sens aussi veut qu'on croie quand tous ces élémens sont réunis pour attester une certitude, quelque merveilleuse qu'elle puisse être. L'étrange physionomie des conceptions humaines est bien digne de l'observation des philosophes qui veulent se rendre compte des diverses causes de crédulité ou d'incrédulité, dans une même circonstance donnée, selon l'organisation des individus.

Ici l'incrédulité dit aux croyans: vous n'avez pas le sens commun, et les croyans répondent: l'incrédulité n'a pas le sens commun. De quel côté est la raison? Chacun l'invoque pour soi. La critique écrit:

« On ferait un livre instructif et intéressant au plus haut point, en réunissant l'histoire des imposteurs qui, à différentes époques, ont tenté de se substituer à des personnages illustres. Gens habiles et énergiques pour la plupart *quand ils ne sont pas des instrumens aveugles suscités par un parti,* ils captent notre attention par la grandeur du rôle qu'ils se sont imposé, et par la manière dont ils le jouent. Nous les suivons avec une curiosité passionnée au milieu des péripéties de leur vie, jusqu'au moment qui doit amener leur chute; et en les trouvant toujours ardens à la lutte, portant quelquefois l'audace et la ruse jusqu'au génie, nous ne pouvons nous défendre d'une pitié involontaire quand nous les voyons tomber. . . . . . .

« Quant aux preuves que M. Gruau de la Barre produit pour soutenir son dire : *elles sont rares, hélas! et nullement convaincantes.* . . . . . .

« Pendant longtemps, ceux mêmes que révoltaient les menaces trop évidentes de Richemond et de *l'horloger Naundorff*, ont pu espérer que le Dauphin n'était pas mort au Temple; mais nous ne croyons pas que cette illusion ait pu subsister un seul jour après la publication de l'ouvrage de M. de Beauchesne, et *en face des documens qu'il a produits.* . . . . . . *l'élégance et le charme du récit s'unissent aux informations précises de l'histoire.* . . . . . *aucun fait n'a été omis; aucun renseignement n'a été dédaigné; l'auteur a recueilli tous les témoignages, fouillé toutes les archives, exhumé les preuves les plus ignorées; un nombre considérable de pièces justificatives.* . . . . . . ont fait de ses deux volumes le monument le plus considérable et le plus complet qui a été élevé à la mémoire du royal Dauphin. . . . . »

Ainsi je n'ai rien réfuté; ma réfutation est qualifiée *« une tactique puérile;* » l'auteur de la critique me replace au point de départ où j'étais quand je l'ai entreprise; il maintient toute l'importance que les contempteurs du fils de Louis XVI donnent à une histoire qui n'a été étudiée que dans les imaginations de Lasne et de Gomin; de Lasne, qui a juré devant la justice que *l'enfant confié à sa garde n'avait parlé qu'une seule fois;* tandis que cet enfant ne fait que babiller sous la plume de M. de Beauchesne; de Gomin, qui a juré devant la justice qu'il a parfaitement reconnu dans l'enfant du Temple *le Dauphin qu'il avait vu fréquemment aux Tuileries;* et qui, à la page 271 du second volume de cette histoire, RÉPOND A LAURENT, sur la question qu'il lui adresse, en l'installant à son poste; *s'il avait vu autrefois le Prince Royal:* « JE NE L'AI JAMAIS VU. »

Voilà, avec la déclaration et l'acte de décès, EN TOUTE VÉRITÉ, *les informations précises de l'histoire, les témoignages recueillis dans toutes les archives, les preuves les plus ignorées exhumées; le nombre considérable de pièces justificatives,* que produit l'historien, et qui ne devraient plus laisser aujourd'hui l'ombre d'un doute sur la mort du Dauphin au Temple.

Certainement, pour ceux des lecteurs de la *Revue Contemporaine,* qui n'ont lu aucun de mes écrits, ni ma réfutation, ni M. de Beauchesne, il n'en est pas un d'eux qui ne me croie dans une erreur déplorable, sur l'autorité d'un écrivain investi d'un poste de confiance dans les bureaux de la rédaction. C'est pourquoi je ne puis que leur dire: lisez mon livre, et jugez par vous-mêmes (1). Vous vous convaincrez que j'ai dû

____

(1) Ma réfutation de M. de Beauchesne se trouve chez M. Emile Flatau, Libraire à Bruxelles, qui en est l'éditeur.

traiter la question sous le point de vue envisagé par **M. de** Beauchesne ; que je n'ai pas écrit dans cette réfutation l'histoire du Duc de Normandie ; mais que j'ai produit assez de documens pour établir le mérite de ma croyance. En Hollande, en Allemagne, en Belgique, on en a une toute autre idée que celle qu'on cherche à faire prévaloir.

Précisément, j'ai sous les yeux une lettre d'Angleterre, du 27 Novembre dernier, où l'on m'informe qu'un gentilhomme anglais, qui avait lu une partie de ma réfutation, la trouvait *une réponse triomphante ;* et qu'un autre, dont la raison avait un moment sommeillé, endormie sans doute au charme du récit de l'écrivain, après m'avoir lu, a exprimé sa satisfaction par ces paroles : *The Comte (M. de la Barre) cuts up Beauchesne, Lasne and Gomin, most capitally.* »

C'est-à-dire : le comte a démoli de fond en comble Beauchesne, Lasne et Gomin.

Mais pour les démolir, puisque je me sers de cette expression, j'aurais pu me contenter de dire :

Les paroles des deux salariés de la Convention, qui n'ont d'autre sanction que leur parole, satisfont l'intelligence de M. de Beauchesne ! Qu'on veuille bien ne pas m'accuser de manquer de courtoisie à son égard si, par la puissance logique et irréfragable des faits démonstratifs de l'origine royale de Naundorff, j'ai la témérité de n'être pas de l'avis de ceux qui éteignent la lumière pour se donner un prétexte de nous dire, à nous qui la tenons allumée : « vous êtes des imposteurs et des fous. »

De quoi s'agit-il en effet ? De savoir si le Dauphin est mort au Temple. Un personnage assure qu'il est le Dauphin évadé du Temple, il prétend que l'acte de décès qu'on lui oppose est faux ; que l'enfant mort était un enfant substitué à sa place, et que lui, pendant qu'on rédigeait l'acte mortuaire, se trouvait caché au quatrième étage de la Tour. Il affirme et offre de prouver, *en justice,* que, lorsque Lasne et Gomin ont été constitués gardiens de l'enfant mort au Temple, *cet enfant n'était pas le fils de Louis XVI ; et qu'on les a trompés sur l'individualité du prisonnier,* que le gouvernement révolutionnaire faisait mensongèrement passer pour le Dauphin afin que le public ne fût pas informé de son évasion. Si l'on veut raisonner sainement, on conçoit d'abord que la déclaration *du décès de l'orphelin royal* faite par ces hommes, subordonnés aux volontés despotiques du pouvoir dominant, est attaquée en même temps que l'acte de décès ; et ensuite que la vérité doit se chercher hors des assertions du prétendant, et de celles des gardiens; c'est-à-dire que ce sont les assertions de l'un et des autres qui doivent être soumises à une investigation consciencieuse.

Ces seules observations démontrent l'insignifiance des paroles de Lasne et de Gomin pour établir la mort du Dauphin au Temple; même en les supposant dignes de foi. Mais j'ai fait voir, clair comme le jour, que leurs allégations, sur lesquelles M. de Beauchesne a fabriqué son histoire, sont un tissu d'erreurs, de contradictions et de faussetés évidentes; qu'elles sont inconciliables avec leurs témoignages en justice; car Lasne a fait trois dépositions assermentées, et Gomin une, dont l'historien ne parle pas; et la lecture de ces quatre témoignages suffit pour démontrer que ces deux individus, non seulement n'ont pas dit la vérité, mais encore qu'ils savaient ne pas la dire. On voit donc que, sans qu'il fût besoin de réfutation, pour un esprit clairvoyant, Beauchesne, Lasne et Gomin se sont démolis eux-mêmes.

« Votre réfutation, » m'a aussi écrit de Paris un homme d'un esprit supérieur et d'une grande probité, « devrait exciter les plus amers regrets chez l'audacieux auteur ainsi aplati, s'il avait fait oeuvre de conscience, et qu'il se fût involontairement mépris : mais il y a longtemps que vous l'avez écrit et triomphalement démontré : *En politique point de justice.* »

La critique reproduit M. de Beauchesne, en se bornant à des réflexions générales et à des assertions qu'aucun fait cité ne justifie; elle ne tient aucun compte de ma réfutation, ne détruit aucun des argumens que j'ai fait valoir au soutien de la vérité que je maintiens, laisse subsister, dans toute leur puissance indestructible, les élémens de certitude qui, dans mes écrits, rendent manifeste l'origine royale de Naundorff; il devient dès lors évident que les choses n'ont pas changé de face. Dans un pareil état de la question, et pour ne pas me répéter, et en raison du cadre rétréci dans lequel je dois renfermer ma réponse, que dois-je faire? Renvoyer ceux qu'intéressera le point d'histoire qui nous occupe à la lecture de mes publications mentionnées dans la réfutation de l'histoire de M. de Beauchesne; leur dire, comme Mme. la Marquise de Créquy dans ses *souvenirs* le disait, à propos de Mme. de Tourzel :

Vous imaginez bien qu'aucun des faux Dauphins ne s'est jamais présenté devant les anciens serviteurs de la cour de Louis XVI à qui, nous croyans nous en avons référé pour notre récognition; tandis que *le prétendant Naundorff,* que la critique confond aveuglément avec eux, s'est livré à l'examen de ces juges compétens qui, tous, en le reconnaissant, ont motivé leur conviction sur des preuves de vérité, tellement nombreuses, tellement irrésistibles, qu'il faut vouloir fermer les yeux pour n'être pas frappé d'une lumière saisissante, qui éclaire l'origine royale de Naundorff, depuis 1789 jusqu'à notre époque.

S'autoriser de leur témoignage, pour la plupart sanctionnés sous la foi du serment devant la magistrature, et que M. de Beauchesne fait le semblant d'ignorer, c'est s'appuyer sur l'honneur, la probité, la fidélité héroïque de personnages honorables et honorés, dont la parole est décisive pour tous ceux qui ont la bonne foi de ne pas méconnaître une certitude qu'on leur montre. Qu'on examine la question dans les élémens qui la constituent, et l'on s'assurera que nos preuves, loin d'être rares, sont tellement géminées, tellement corroboratives les unes des autres, qu'il faudrait véritablement avoir perdu le sens commun pour n'y pas croire.

« Nos preuves sont rares et peu convaincantes ! » mais pour les juger, il faudrait les connaître; et je ne suppose pas que M. Trapadoux et M de Beauchesne aient pris la peine de les lire. J'ai trop de foi dans leur loyauté et leur discernement pour croire que, s'ils les connaissaient, ils eussent écrit, l'un, son histoire de Louis XVII; l'autre, sa critique de ma réfutation. Si ces preuves n'étaient pas convaincantes, comment donc auraient-elles pu déterminer la conviction d'hommes éminens, pris dans toutes les classes de la société, et au nombre desquels je puis nommer des ambassadeurs, des ministres, des généraux, des hommes d'état de tous les pays?

Deux habiles jurisconsultes d'Allemagne, l'un de Prague et l'autre de Berlin, ont confessé hautement leur conviction que Naundorff était le Dauphin. Plus spécialement encore, le commissaire de justice et syndic de Crossen, l'énergique et honorable M. Pezold, — qui a payé de sa vie son dévouement à la défense des droits sacrés de Naundorf, — a eu le courage d'écrire en 1831 :

« A Son Excellence M. le Ministre de la justice de Prusse :

« .... Le nommé Naundorff ne porte ce nom qui n'est pas « le sien, que parce qu'il y a été forcé par les circonstances « malheureuses qui enveloppent son existence. Il est Français de « nation et fils de Louis XVI et de Marie-Antoinette, morts sur « l'échafaud; il est ainsi le dernier Dauphin de France, Duc de « Normandie, que les annales de l'histoire prétendaient faussement décédé au Temple sous le nom de Louis XVII. . . . . .

« A Son Excellence M. le Ministre de l'intérieur de Prusse :
« Votre Excellence sera probablement informée par le Cabinet
« de Sa Majesté, et sans aucun doute par le président en chef,
« M. Wismann à Francfort-sur-l'Oder, qu'il existe à Crossen un
« horloger qui assure être le fils de l'infortuné Louis XVI, et
« dont je suis le mandataire spécial. . . . . .

« Je fis un rapport à S. M. notre Roi, dans lequel je spécifiai
« que j'étais chargé de demander l'appui de S. M. le Roi des
« Français, afin que mon mandant pût rentrer dans sa fortune
« paternelle. Je suppliai S. M. le Roi d'appuyer cette demande
« par son intervention puissante. . . . . . .

« Comme fidèle et heureux sujet de S. M., et particulièrement
« en *ma qualité de fonctionnaire prussien*, je n'aurais jamais
« osé importuner le Roi mon maître dans une semblable cir-
« constance, *si je n'étais convaincu que mon mandant est en*
« *vérité celui qu'il dit être* ; car j'ai eu le temps de l'étudier
« dans une longue intimité et de le connaître conséquemment
« à fond depuis l'année 1828. Mes rapports continuels, mes
« occupations journalières avec lui ; mes observations attentives
« de chaque jour, de chaque instant ; tout a concouru à établir
« dans ma conscience la conviction inaltérable et profonde qu'il ne
« peut être question ici ni d'une erreur ni d'une impos-
« ture. . . . . . . »

« A S. M. le Roi de Prusse :

« Sire ,

« Le Duc de Normandie, Charles-Louis, fils de Louis XVI,
« habitant Crossen sous le nom de Naundorff, avait eu le malheur
« pendant son séjour à Brandebourg d'être placé deux fois
« sous le poids d'une accusation criminelle. . . . . .

« Un tissu d'astuce et de méchanceté, qu'il ne pouvait pas
« détruire plus tard, d'autant moins qu'il avait toujours été fort
« du sentiment de son innocence, avait assuré facilement le
« triomphe de ses adversaires, pressés de réaliser tous leurs
« coupables projets ; c'est ainsi qu'ils voulurent flétrir mon
« mandant par des accusations aussi insolentes que criminelles ;
« c'est ainsi que les vrais coupables, pour se soustraire à un
« châtiment bien mérité, cherchèrent à jeter sur lui le soupçon
« du crime commis. Le succès de cette machination odieuse
« s'appuya sur le concours de plusieurs circonstances, sur l'audace
« de faux témoins qui déposèrent contre lui, et *dont deux furent*
« *convaincus plus tard de parjure*........ Pendant sa captivité,
« et postérieurement encore, des communications lui ont été
« faites de vive voix et par écrit dont il résulte, qu'il était la
« victime d'une *cabale infernale* qui , intéressée au crime commis,

«*protégeait les coupables et exerçait une grande influence,*
«*qu'il était ainsi dangereux de témoigner en sa faveur*, bien
«que tout le monde à Brandebourg fût convaincu de son in-
«nocence. . . . . . .»

La conviction de Mᵉ Jules Favre, le célèbre avocat qui a
plaidé en 1840 et 1851 pour faire reconnaître la légitimité
des réclamations de Naundorff, suffirait, à elle seule, pour
dominer et tranquilliser les consciences les plus timorées.
Qu'on me permette de citer ici une consultation de lui insérée dans le *mémoire judiciaire* que j'ai présenté, *au soutien de la plainte en diffamation portée contre le gérant
responsable du journal LE CAPITOLE, par son Altesse royale
le Duc de Normandie, connu sous le nom de Naundorff, et
M. Gruau de la Barre :*

«Le conseil soussigné, avocat à la cour royale de Paris,

« A pris une connaissance approfondie des documens qui pré-
cèdent » — une partie seulement des documens produits dans
l'instance civile de 1851 — «et *de leur scrupuleux examen
«est née pour lui la conviction :*

«1°. Que le prétendu Guillaume Naundorff n'est point prus-
«sien ni polonais de naissance, et que jusqu'ici son origine
«est demeurée complètement incertaine ;

«2°. Que les présomptions les plus graves se réunissent pour
«faire croire qu'il est réellement Charles-Louis, Duc de Nor-
«mandie, fils de Louis XVI ;

«3°. Que c'est à la réclamation constante et persévérante qu'il
«a faite, depuis vingt-cinq années, de son véritable état ci-
«vil, qu'il a dû les persécutions dont il à été victime, et
«celles qui ont atteint sa famille ;

«4°. Que c'est à cette prétention, dont les tribunaux fran-
«çais étaient saisis, qu'il faut attribuer son expulsion du ter-
«ritoire national contre toute légalité, car on ne pouvait lui
«appliquer les dispositions relatives aux étrangers, puisqu'il
«affirmait être français, et que la justice était sur le point
«d'examiner sa demande ;

«5°. Que la poursuite en escroquerie dirigée contre lui
«après coup, lorsqu'il était déjà jeté hors de France, n'a eu
«pour but que de colorer l'acte de rigueur dont il a été l'objet ;
«que le magistrat instructeur qui la continue depuis trois
«ans, sans la mettre à fin, ne peut se dispenser de présenter
«son rapport à la chambre du conseil, et de provoquer une
«ordonnance définitive ;

«6°. Enfin, que M. Gruau de la Barre, avocat, ancien pro-
«cureur du roi, ami et conseil de celui qu'il affirme être le

«Duc de Normandie, ayant été publiquement représenté dans
«un journal comme le complice d'une sale intrigue, a le droit
«de poursuivre devant les tribunaux la réparation de cette
«diffamation.

«A sa cause se rattache évidemment celle du prétendu
«Naundorff: or il semble inouï au conseil soussigné, si de
«hautes raisons d'Etat n'ont paralysé l'action de la justice,
«qu'elle se refuse à statuer sur les réclamations de cet homme;
«que, soit au civil, soit au criminel, tout accès lui soit in—
«terdit; qu'il fatigue l'Europe de protestations, et que nul ne
«l'ait encore convaincu d'imposture. Il serait temps qu'un tel
«scandale cessât. Si Naundorff est un adroit fripon, qu'on le
«dévoile; mais s'il est vraiment ce qu'il dit être, que tous
«les hommes impartiaux écoutent sa défense et le jugent; qu'ils
«concourent à réparer une grande et longue injustice. L'état
«du pays est tel que la reconnaissance solennelle du fils de
«Louis XVI n'aurait aucun intérêt politique; lui-même le
«comprend, il ne demande que son nom; il le demande pour
«lui, pour ses enfans, qui pourraient un jour l'accuser d'avoir
«compromis leur avenir par un lâche silence. Cette position
«est si nette, si honorable; elle exclut d'une manière si vic—
«torieuse toute idée de fraude, que le conseil soussigné ne
«peut que faire des voeux pour qu'elle s'éclaircisse définiti—
«vement. Comme homme, comme citoyen, celui qui se dit le
«Duc de Normandie a le droit d'obtenir justice, le conseil
«soussigné estime donc qu'il doit : 1°. provoquer une solution
«de la chambre du conseil dans l'affaire en escroquerie com—
«mencée contre lui; 2°. reprendre l'action en réclamation
«d'état par lui intentée en 1836, et solliciter des tribunaux,
«comme mesure préalable, sa rentrée en France et des en—
«quêtes.

«Délibéré à Paris, ce 10 Décembre 1840.

«Jules Favre.»

Me Jules Favre, dont le jugement pour ceux qui le connaissent devrait être considéré comme une décision inatta-
quable, m'a aussi écrit :

«27 Août 1840.

«........ *Exprimez au Prince* combien je serai heureux de
«puiser auprès de lui des motifs nouveaux de conviction; et
«surtout de pouvoir par la suite m'en servir contre ses en—
«nemis........ »

«Le 5 Janvier 1841.

«........ Je sais que votre mémoire fait sensation, plusieurs
«de mes confrères m'abordent en me disant: est-ce que vous

«y croyez? et *sur ma réponse affirmative*, ils conviennent «que les pièces par vous citées sont fort extraordinaires.....»

Au mois de Janvier 1841, des Français, qu'avait honorés jusque-là le plus noble dévouement, désertèrent la cause du Prince; l'un d'eux publia un écrit plein d'une amertume haineuse contre le Prince et contre moi; qui avait été adressé à notre illustre avocat; et il m'écrivait à ce sujet :

«26 Mars 1841.

«Mon cher Monsieur,

«J'ai reçu la lettre que vous m'avez fait l'honneur de m'écrire «le 19 courant, j'y ai vu avec plaisir les témoignages de votre «reconnaissance pour un intérêt dont vous êtes assurément «digne à tous égards........ Je sais quels généreux sacrifices «ont marqué votre vie; et personne plus que moi ne les honore «d'une sympathie plus vraie. C'est à ce sentiment que vous «devez attribuer ma sincère indignation de la lettre précédente. «J'étais sous l'impression de la pièce indigne qui m'est venue «de Londres........

«Je suis allé voir Madame de Rambaud, qui gémit amère- «ment........ Donnez-moi des nouvelles de toute la famille et «surtout de Mademoiselle Amélie dont la santé est, me dit-on, «chancelante. Qu'elle prenne courage cependant. *Les bases es- «sentielles de la situation de son malheureux père n'ont «point changé. Il a toujours pour lui cette masse imposante «de documens et de témoignages,* qui doivent tôt ou tard con- «duire à la découverte de la vérité........ Exprimez-lui bien, «*ainsi qu'au Prince* toute la part que je prends à leurs cha- «grins, et le vif désir que j'éprouve de les voir promptement «s'adoucir....... »

Quelle objection admissible pourrait-on élever contre le té- moignage suivant de M. Morel de St. Didier, que je publie aujourd'hui pour la première fois?

«Juin 1854. — Paris.

«A M. Gruau de la Barre à Breda.

«Mon cher Monsieur.

«J'ai appris que vous aviez le projet de publier une réfuta- tion de l'ouvrage de M. de Beauchesne, ouvrage confirmatif de la mort du Dauphin au Temple. Cette publication a eu un retentissement assez général pour me déterminer à ramener l'attention publique à l'examen de cette importante affaire. Je crois donc d'une nécessité opportune de détruire, autant qu'il m'est possible, cet échafaudage d'erreurs qui pèsent sur une tombe royale si digne des regrets de tout homme qui porte le cœur haut, de tous les hommes d'honneur, de loyauté, de bonne foi.

«Cela posé, je dois vous révéler des faits qui sont restés secrets jusqu'à ce jour, et que je ne voulais produire qu'au milieu de l'éclat d'un procès solennel et définitif, en présence d'une cour souveraine.

«Quel que soit le sort que réserve l'opinion publique aux déclarations que j'ai l'honneur de vous adresser, quel que soit le succès ou la répulsion qui en résulte, je les déclare toutes d'une vérité sacramentelle, je les affirme sous la foi d'honneur.

«Le 30 Septembre 1797, jour de ma fête, ma mère me donna pour bouquet le secret de l'évasion du Dauphin de la Tour du Temple, *évasion à laquelle elle contribua d'une manière médiate*, dans ses rapports avec le comte de Frotté. Elle m'annonça que l'enfant-roi était hors de toute atteinte, ainsi que les preuves de son identité; que, parmi ces preuves, il en était une inséparable de sa personne; puisqu'il portait à la partie intérieure de la cuisse (gauche, autant que mes souvenirs peuvent me le permettre) *un signe naturel, représentant un pigeon, les ailes déployées, et la tête en bas ;* en un mot, *un pigeon plongeant :* la tête était un peu altérée. Ma mère me déclara de plus qu'il y avait à Paris, lors de l'évasion, *un envoyé secret de la cour d'Autriche*, qu'elle ne me nomma point, et que depuis j'ai su être *le comte de la Mark ;* que cet envoyé, en lui faisant ses adieux, lui avait montré *le procès-verbal de l'évasion qu'il emportait pour sa cour ;* que la mission secrète de cet envoyé n'avait d'autre motif que de surveiller les destinées des prisonniers du Temple.

«J'arrive en 1833, longues années après la mort de ma mère. A cette époque, le Prince était depuis peu à Paris; j'eus le bonheur de le découvrir. Bientôt il s'établit entre lui et moi des rapports confidentiels. Un jour je lui demandai s'il ne portait pas un signe naturel quelconque, qui serait pour moi une preuve importante d'identité. Il me répondit en souriant : «il n'est pas encore temps que je vous réponde à cette question.» Mais au mois de Janvier 1834, lors de ma première mission à Prague auprès de Madame la Duchesse d'Angoulême, le Prince me dit la veille de mon départ, lorsque je fus prendre congé et recevoir mes instructions : «vous m'avez parlé d'un signe naturel que je porte; quel est-il?» je lui répondis par la confidence que j'avais reçue de ma mère. «eh bien !» reprit-il, «je veux que vous puissiez déclarer à ma sœur que vous avez vu ce signe, qu'elle connaît très-bien elle-même.» Aussitôt le Prince le met sous mes yeux, et *je reconnus effectivement la vérité entière des détails que je tenais de ma mère.* Toute erreur devenait donc impossible; cette preuve en vaut mille........

« Je vous autorise, mon cher Monsieur, à faire de ma lettre l'usage que vous voudrez, dans la défense d'une vérité dont la puissance n'a jamais rien laissé d'incertain aux yeux de ma conviction entière.

« Agréez, je vous prie, la nouvelle assurance de tous mes sentimens les plus empressés.

« Morel de Saint Didier. »

Le chevalier de Carro, célèbre docteur en médecine des facultés d'Édimbourg, de Vienne et de Prague, était praticien à Carlsbad. Ce gentilhomme, mort dernièrement, fut estimé de toute l'Allemagne, et tenu en haute considération, je pourrais presque dire en Europe, par de nombreux et éminens personnages de toutes les nations qui, dans le cours d'un demi-siècle, ont eu l'avantage de le connaitre à Carlsbad. Chaque année il publiait un *almanach, ou mélanges médicaux scientifiques et littéraires,* ouvrage fort recherché et fort répandu. Dans l'année 1836 il a consacré au fils de Louis XVI et à sa famille un long article dont je copie les passages suivans qui complèteront ma réplique :

« Vers la fin du règne calamiteux de Louis XVI, la Reine Marie-Antoinette fit présent à Madame la Comtesse de Brienne, qui émigrait pour se rendre à Vienne, d'une tabatière d'or ronde et garnie de diamans, ornée du portrait de son fils Mgr. le Dauphin, *en habit de soie bleue,* du plus parfait pinceau.

« La Comtesse de Brienne, s'étant trouvée en besoin d'argent, vendit l'or et les diamans du royal joyau, et fit placer le charmant portrait sur une simple tabatière d'ivoire.

« A la mort de cette dame, la tabatière avec le portrait, dénués de toute valeur intrinsèque, resta dans les mains de son valet de chambre, de qui personne ne la réclama. Plus tard elle fut vendue ou donnée a un autre Français, M. Prévôt, maitre d'hôtel de M. Talistscheff, Ambassadeur de Russie à la cour de Vienne, et qui fut en 1837 un de mes malades.

« J'avais passé l'hiver précédent — 1836 — à Dresde, où, sans la chercher, l'occasion s'était offerte de me convaincre pleinement que le fils de Louis XVI et de Marie-Antoinette n'était point mort au Temple ; mais était encore plein de vie et de santé, marié, et père de plusieurs enfans des deux sexes. Tous habitaient Dresde, où ils recevaient la meilleure éducation ; tandis que le chef de la famille se trouvait à Camberwell, près de Londres.

« Je racontai à M. Prévôt, propriétaire de la tabatière, que dès mon arrivée à Dresde la famille voulut avoir mon avis sur une question relative aux eaux de Carlsbad. La famille était connue sous le nom de Naundorff...... Son chef ne signait jamais autrement que *Charles-Louis, Duc de Normandie.* J'ajoutai à mon récit que le sort de cette respectable famille m'intéressait au suprême dégré, et que je correspondais avec son chef, que je ne traitai moi-même jamais autrement dans mes lettres, et sur leurs adresses, que j'envoyais par la poste comme toute autre; que ses lettres, dont j'avais vu plusieurs écrites à sa famille, à l'instituteur et à l'institutrice de ses enfans, le vénérable abbé Appert, et mademoiselle Pégot, fille d'un général français de l'armée impériale, respiraient toutes les sentimens d'un vrai chrétien, d'un bon père, d'un bon mari, et d'un fidèle ami.

« Je racontai entre autre à mon client français, qu'on m'avait montré à Dresde la moitié d'un habit de soie bleue, qui, joint à d'innombrables autres preuves, avait servi à madame de Rambaud, — qui fut attachée au service du Dauphin depuis le jour de sa naissance jusqu'au 10 Août 1792 — à constater la naissance royale de celui qui, sous Louis-Philippe, était venu à Paris pour se faire reconnaître par plusieurs anciens serviteurs du défunt roi, son père, qui l'avaient connu dans son enfance; que j'avais lu une lettre autographe et touchante de M. de Joly, ministre de la justice sous Louis XVI, qui avait conduit le jeune Dauphin, — avec toute la famille royale — dans une loge de la Convention nationale: cette lettre adressée au Dauphin commence par ces mots: *Illustre proscrit!*

«........ A ce récit, mon aimable client me dit : «l'habit du Dauphin, tel qu'il est peint sur la tabatière que je possède, étant le même que celui dont vous me parlez, je pense, vu l'intimité qui vous lie avec cet infortuné Prince et sa famille, dont vous connaissez si parfaitement l'histoire, je pense, dis-je, Monsieur le docteur, que la tabatière sera infinement mieux placée dans vos mains que dans les miennes; dès ce moment elle est à vous.»

«Mettant le plus grand prix à conserver mon intéressante trouvaille; mais désirant vivement la faire connaître à la famille du Prince, que j'avais laissée à Dresde, je cherchai et trouvai un peintre en miniature pour imiter l'original. Après lui avoir raconté l'histoire du malheureux Dauphin, qui le toucha beaucoup, je lui demandai ce que j'aurais à lui payer pour son travail. «La seule condition que j'y mette, Monsieur, c'est que vous veuillez bien vous charger de faire parvenir ma nouvelle tabatière à Monseigneur, et l'assurer que si jamais il monte sur le trône de ses illustres aïeux il n'aura pas de sujet plus fidèle et plus devoué que moi.......»

«........ Après que madame de Rambaud se fut bien con-
vaincue que le *soi-disant Naundorff* était bien le vrai Dauphin, elle en écrivit à madame la Duchesse d'Angoulême une
lettre palpitante de conviction et de sympathie, qui resta né-
anmoins sans réponse. Alors M. Morel de Saint Didier, Français tout dévoué à la cause du Duc de Normandie, se rendit
à Prague, où il fut accueilli avec bonté par son Altesse Royale,
qui lui dit : *« Il est très-vrai que nous n'avons aucune preuve
certaine de la mort de mon frère. Retournez en France et
rapportez-moi surtout des renseignemens plus précis sur son
évasion du Temple. »*

«.. ...... M. Morel de Saint Didier partit pour la France,
d'où il revint au bout de cinq mois, muni des renseignemens
demandés, et accompagné de la vénérable Madame de Rambaud.
M. Morel de Saint Didier se rendit seul au château du Hrad-
schin qu'habitait la famille royale proscrite. Mais tout avait
changé de ton et de langage. — «Mon frère est mort, Monsieur, il est bien mort, lui dit l'auguste Princesse. » —

«Sur la demande d'audience faite pour Madame de Rambaud,
Madame la Vicomtesse d'Agoult, première dame d'honneur de
S. A. R., fut chargée par elle d'écrire que :

«Considérant l'âge avancé de Madame de Rambaud, Son Altesse Royale Madame la Duchesse d'Angoulême trouve peu
vraisemblable qu'elle ait pu faire le voyage de Paris à Prague. » Elle ne fut pas reçue.

«On peut juger par la différence du premier et du second
accueil que reçut M. Morel de Saint Didier, de tout ce qui
fut mis en œuvre, pour changer les bons sentimens de Madame la Duchesse d'Angoulême envers le malheureux Dauphin.
Nous croyons en avoir connu les principaux agens; mais nous
nous abstenons de raconter ces personalités et ces détails qui
nous affligent. Le fait est que M. Morel de Saint Didier et
Madame de Rambaud furent obligés de quitter la Bohême. Un
an plus tard, j'eus la curiosité de visiter le fait au bureau de
la *Stadthauptmannschaft* de Prague, où sans la moindre
difficulté on me montra le gros livre fol. où l'on inscrit l'arrivée et le départ des étrangers, et dans lequel était noté en
marge, à côté des deux noms *Morel de Saint Didier* et *Rambaud*, les deux mots de *non admis* (*nicht aufgenommen*,) —
que c'étaient deux intrigans qui étaient venus faire appel à la
bourse de la Duchesse d'Angoulême. —

«Ces détails nous prouvent assez que l'auguste sœur ne prit
pas l'initiative contre son malheureux frère, persécuté par ses
oncles; mais que n'ayant pas l'énergie de s'y opposer, elle

se laissa entraîner. Nous n'en disons pas notre opinion, laissant à chacun la liberté de fixer la sienne........

«Quelques personnes, absolument étrangères à mes relations avec la famille royale proscrite m'ont reproché, mais toujours confidentiellement, qu'après avoir donné à Carlsbad pendant trois saisons, — 1833, 1834, 1836, — des soins à Madame la Duchesse d'Angoulême, j'étais ingrat envers elle, en prenant un si vif intérêt à la cause de son frère, si généralement méconnu, et traité d'imposteur. Je fus, il est vrai, parfaitement content et à tous égards de l'auguste Princesse, ainsi que de tout ce qui l'entourait; mais elle eut, je pense, toutes les raisons possibles de l'être de moi........ Nos comptes étaient donc réglés; et assurément aucun devoir ne m'interdisait de vouer mes affections à son malheureux frère, et après lui, de les consacrer à sa nombreuse et intéressante famille. Dans quel code de morale chrétienne est-il prescrit de préférer la cause des oppresseurs à celle des opprimés, surtout quand il n'existe entre le médecin et les cliens aucune obligation quelconque, pas même la simple relation d'identité de nation?........

«Les persécutions, que le malheureux Prince eut à endurer de sa propre famille, qui le tint dans l'exil, les cachots et l'oubli du monde entier, sont fidèlement décrites dans les *Intrigues dévoilées, ou Louis XVII dernier Roi légitime de France, né à Versailles le 27 Mars 1785 et décédé à Delft en Hollande le 10 Août 1845*, par M. Gruau de la Barre, Avocat, Procureur du Roi sous Charles X.

«C'est à cet ouvrage que je réfère tous ceux qui veulent connaître la vérité.

«Un habile diplomate piémontais, après avoir lu ce chef-d'œuvre, me dit: «Jusqu'à présent je n'ai trouvé dans l'histoire de France qui correspond à l'époque de Louis XVII que des erreurs ou des omissions. Maintenant M. Gruau de la Barre a tout rectifié. Tout dans son ouvrage est clair et lumineux.»

«L'auteur, en qualifiant Louis XVII de *dernier Roi légitime de France,* proclame l'usurpation de Louis XVIII et de Charles X, qui régnèrent en effet du vivant de leur neveu, dont personne mieux qu'eux ne connaissait l'existence.

«Un gentilhomme fort distingué, qui devait une grande partie de son bien-être aux Bourbons, me répondit, après avoir lu M. Gruau de la Barre, lorsque je lui demandai ce qu'il en pensait: «Je pense que si les Bourbons ne le réfutent pas, *ils seront à mes yeux les derniers des derniers.»*

«Nous serions assurément fort embarrassé d'indiquer un

seul ouvrage, dans lequel on ait seulement tenté de réfuter M. Gruau de la Barre, qui reste l'épouvantail des légitimistes, un vrai noli me tangere.

«*On s'est borné à des déclamations, à du scepticisme, à du persifflage.* Mais partout on y trouve une crasse ignorance des principaux faits. Des écrivains, célèbres d'ailleurs, tels qu'Alexandre Dumas, Thiers et Châteaubriand, se sont bornés à parler de la mort du Dauphin comme d'un fait accompli, sans faire seulement mention du reste de sa carrière, de *sa pierre sépulcrale, érigée au cimetière de Delft où il figure comme Roi de France et de Navarre.* Si M. Gruau de la Barre et son classique et volumineux ouvrage ne se fussent trouvés qu'au Japon ou au Monomotapa, l'ignorance en général ne saurait guère être plus grande en France sur le compte du fils de Louis XVI et de Marie-Antoinette

«Louis Blanc, dans son *Histoire de dix ans,* nous parle de la mort de Louis XVII, *comme d'un événement non constaté, inexpliqué, étrange, et couvert d'un voile, qu'on n'a pas encore osé soulever.*

«Qu'on lise les *Mémoires de la Duchesse d'Abrantès; les Souvenirs intimes* de M. le Comte de Mesnard; et l'on se demande où leurs auteurs ont étudié la logique!

.... L'habit de soie bleue, conservé par Madame de Rambaud, et qui figure sur la tabatière dont j'écris l'histoire, *la colombe,* qui se trouvait sur une des cuisses de l'orphelin du Temple, les classiques écrits de M. Gruau de la Barre, et le cimetière de Delft, en disent plus que *tous les pitoyables ouvrages de ceux qui ont attaqué l'identité du Dauphin et doutent de son évasion.* La cour de Dresde, ... exerça du moins envers la respectable famille Naundorff, en l'absence de son chef, qui se trouvait alors en Angleterre, la plus édifiante hospitalité. La famille n'était point dans une position qui lui permit de fréquenter la cour et la haute société, mais elle n'eut pas d'amis plus dévoués que Madame Forest, première femme de chambre pensionnée de la cour, et une demoiselle Savoyarde, institutrice des enfans de Monseigneur le Prince Jean, actuellement Roi de Saxe, qui sacrifiait à la *soi-disant famille Naundorff* tous ses momens de loisir.

«J'ai entendu moi-même à Carlsbad M. le Baron de Gablentz, commandant en chef la garnison de Dresde, se fâcher très-sérieusement contre deux Messieurs qui ne voulaient pas croire que Naundorff fût Louis XVII.

«Je vis souvent à Dresde Madame la Comtesse de Choiseul-Gouffier, née Comtesse de Tyzenhaus, auteur célèbre des *Sou-*

venirs de l'Empereur Alexandre. Elle me pria de la présenter à la *soi-disant famille Naundorff;* ce que je fis avec plaisir. Nous passâmes une heure et demie avec Mademoiselle Amélie, Mlle Pégot, son éloquente institutrice, et le vénérable Abbé Appert. Au sortir de cette intéressante visite, me trouvant seul sur l'escalier avec Madame de Choiseul, je lui demandai ce qu'elle pensait de tout ce qu'elle venait de voir et d'entendre. *« Ce que j'en pense, mon cher Chevalier! ah! grand « Dieu, j'en ai le cauchemar!*

« On s'est souvent étonné que les Bourbons et les d'Orléans, avant comme depuis leur *fusion,* n'aient pas protesté, d'une manière ou d'une autre, contre l'épitaphe de Delft qui est pour eux le plus humiliant des affronts....... les Bourbons et les d'Orléans......... trouvèrent sans doute plus sage de se taire, ce qu'ils ont fait jusqu'à ce jour.

« .... L'état actuel de la famille de Louis XVII .... est composé de sa veuve, et de huit enfans, savoir cinq fils et trois filles,........ dont la ressemblance de l'aînée, Mademoiselle Amélie, avec sa grand'mère, Marie-Antoinette, est étonnante avec les portraits que la famille possède de Marie-Antoinette dans sa jeunesse........

« La famille jouit en Hollande d'une parfaite considération; mais elle a encore à lutter contre le besoin.

« Le nom de Bourbon, dans tous les actes publics et privés, a pris la place de celui de Naundorff; et quoique, s'il ne s'agissait que de droit de généalogie, *les Bourbon de Breda* auraient les premiers droits au trône de France; ils n'ont point de chance de le récupérer, vu que ce n'est point ainsi que s'exerce dans ce bas-monde la justice dynastique, à laquelle il faut en général des armées et des congrès. Mais ils n'en sont pas moins dignes de la commisération de tout cœur noble et généreux.

« Si les nobles procédés de la Hollande ajoutent peu à l'aisance matérielle de cette nombreuse famille, les *Bourbons de Breda* peuvent du moins dire avec un de leurs illustres aïeux : *Tout est perdu fors l'honneur!*

« .... Le premier cachet dont se servit le Prince après son évasion se composait des noms de ses quatre libérateurs, *Joséphine Beauharnais, Pichegru, Hoche* et *le Comte de Frotté.* J'ai eu en main à Dresde cet intéressant sceau,........ dont j'eus bientôt l'occasion de faire hommage à *un proche parent de Joséphine,* qui trouva tout naturel et digne de sa grande âme, qu'elle ait eu la principale part à l'évasion du Dauphin, et qui savait fort bien que les célèbres généraux

Pichegru et Hoche avaient été les plus intimes amis de Joséphine.

« .... Après avoir prouvé par le cachet aux quatre noms dont il vient d'être question, que *Joséphine Beauharnais* avait eu la part principale à l'évasion de *l'orphelin du Temple*, je parlerai de sa mort subite, *sur la cause de laquelle j'ai les renseignemens les plus authentiques;* quoique sur les auteurs de cette mort je n'aie que de très-forts soupçons.

« Pendant le congrès de Vienne, en 1814, j'eus quelques relations avec Sir James Wylie, écossais, premier chirurgien de l'empereur Alexandre, et jouissant de toute la confiance de ce souverain, qu'il avait accompagné à Paris durant l'invasion des alliés, et auprès duquel il resta jusqu'à sa mort.

« Sir James Wylie me raconta, (sans commentaire ni observation quelconque) que l'ex-impératrice Joséphine étant tombée *subitement* très-malade à la *Malmaison*, l'empereur Alexandre l'envoya auprès d'elle, pour constater de ses propres yeux l'état dans lequel elle se trouvait. *Il en revint pleinement convaincu de son empoisonnement* et de sa fin prochaine, qui eut lieu en effet quelques heures après que Sir James l'eut quittée.

« Parmi les amis que le malheureux Duc de Normandie s'était faits à Londres, l'un des plus zélés et des plus constans était l'Honorable et Révérend Charles-George Perceval, recteur de Calverton, qui traduisit les propres mémoires biographiques du Prince, en y mettant la plus honorable des préfaces.......

« Une note insérée dans la traduction de M. Perceval contient l'anecdote suivante, qu'il dit lui avoir été communiquée par deux Dames anglaises qui l'autorisèrent à la publier.

« On sait, et les gazettes de l'époque l'ont raconté, que l'empereur Alexandre, pendant l'invasion des puissances alliées, fréquenta souvent la *Malmaison*, où Joséphine s'était retirée depuis que le nouveau César l'avait répudiée, pour épouser l'Archiduchesse Marie-Louise.

« A une de ces soirées, Alexandre se félicitait lui-même avec une satisfaction particulière de la part essentielle que son armée avait eue à la Restauration. « Quant à la Restauration, lui dit « Joséphine, vous y êtes, Sire; *mais quant à la légitimité,* « vous n'y êtes pas: *tous les morts ne sont pas dans les tombeaux.* »

« On conçoit aisément que Joséphine, qui, comme nous venons de le dire, eut la principale part à l'évasion de l'orphelin du Temple ne pouvait pas proférer, en présence du Czar de toutes les Russies........ des paroles plus foudroyantes pour *le roi restauré,* que celles qui le déclaraient *illégitime.* En un mot, personne ne doutant que Louis XVIII n'ait eu ses agens secrets dans le salon de la *Malmaison*, et qu'il n'ait conçu le projet de se défaire d'elle, sa mort fut donc généralement attribuée au roi restauré. L'empoisonnement eut lieu; mais sans garantir comme positif le fait que Louis XVIII en ait été l'auteur, je dirai qu'ayant raconté ce qu'on vient de lire à quelques ardens légitimistes, qui prétendaient ne pas y croire, ils manquaient rarement d'ajouter: au reste, si nous n'y croyons pas, ce n'est assurément pas que Louis XVIII n'en eût pas été bien capable, lui, *qui n'avait de cœur que pour le trône.*

« On compte cinq ou six attentats commis contre la vie du *soi-disant Naundorff*, en France et en Angleterre. On s'étonna de les voir tous manquer. On ne peut, ce me semble, en conclure autre chose, sinon........ que dans les décrets du Très-haut sa dernière heure n'était pas encore venue........

« La tactique des Bourbons de faire surgir un *faux Dauphin*, aussitôt que l'attention publique se fixait un peu sérieusement sur le véritable, eut un plein succès et habitua l'Europe entière, à peu d'exceptions près, à ne plus étudier cette histoire, et je me suis toujours étonné de l'ignorance — le plus souvent feinte — dans laquelle j'ai trouvé les Français de toute classe, que j'ai rencontrés à Carlsbad et ailleurs en Allemagne.

« J'ai eu en 1855 un riche malade, M. Gaillard, propriétaire de dix maisons dans Paris même, et d'une terre dans ses environs : il avait très-souvent entendu parler de faux Dauphins et les confondait tous les uns avec les autres, sans avoir la moindre idée juste de l'histoire du véritable. Ayant été notre locataire, la vue de mon historique tabatière et de l'épitaphe de Delft excitèrent tout son intérêt, et en firent un parfait croyant. N'ayant ni trève ni repos, jusqu'à ce qu'il sût si ses compatriotes connaissaient l'histoire du feu Louis XVII, M. Gaillard les accostait dans les rues ou aux sources, qu'ils lui fussent ou non personnellement connus, leur demandait ce qu'ils savaient, et les forçait presque à venir chez moi, à m'entendre sur cet intéressant sujet, et à voir de leurs propres yeux la tabatière et l'épitaphe. Il ne m'en amena pas moins de huit, parmi lesquels se trouvaient un *évêque in partibus*, et un curé de Paris qui, quoique fort distingués d'ailleurs, m'étonnèrent par leur ignorance sur ce chapitre, tout en m'écoutant avec beaucoup d'intérêt.

« Je suis loin assurément de songer a une propagande, vu que rien ne m'occupe moins que les intérêts dynastiques, et qu'ayant le bonheur de vivre depuis plus de soixante ans, sous l'heureux sceptre de la maison de Habsbourg-Lorraine, peu m'importe que la France soit sous celui des Bourbons, des Orléans ou des Napoléonides. Les malheureux Bourbons de Breda ne m'intéressent que philantropiquement et chrétiennement, vu que les lois les plus sacrées ont été violées à leur égard. Cette histoire m'a profondément dévoilé les mystères du cœur humain et inhumain des adversaires de l'infortuné Dauphin, qui ne mérita à aucun égard un sort aussi affreux.

«Cette histoire est écrite pour la postérité, et M. Gruau de la Barre en est le classique et fidèle auteur........ La vie de Louis XVII ne fut qu'une série d'infortunes, et ne commença que vers sa fin à devenir honorée, grâce à l'esprit de justice de Guillaume II, le précédent Roi de Hollande.

«Tous les faux Dauphins furent arrêtés, jugés, et punis; Naundorff, qui ne négligea jamais rien pour comparaître devant un tribunal compétent, n'y parvint jamais........ *les moyens de se faire reconnaître ne lui manquèrent jamais*, tandis qu'il manqua toujours de personnes compétentes qui voulussent l'écouter.

«Il ne les trouva qu'en Hollande........

«Pour en revenir à l'historique tabatière, qui fait le sujet de ce chapitre,........ je dirai que........ j'avais à peine achevé le présent commentaire quand je reçus un autre cadeau, aussi intéressant qu'inattendu de la part de mon confrère, le Docteur Mannl, conseiller de la Commune de Carlsbad.

«Louis XVII, décédé à Delft, ainsi que nous venons de le dire, y est enterré avec tous ses titres royaux. On a publié à Rotterdam une feuille lithographiée, où on lit toute l'épitaphe du Prince, surmontée de sa tête morte, telle qu'elle était à l'âge de soixante ans. Au-dessous de la tête sont gravés une couronne et un sceptre brisés. Ses titres sont:

«*Louis XVII, Roi de France et de Navarre, Charles-Louis, Duc de Normandie*, né à Versailles, le 27 Mars 1785, décédé à Delft, le 10 Août 1845.»

«Au-dessous de ses titres, on lit le passage suivant d'une lettre qu'il écrivit à un de ses amis, trois mois avant sa mort, sommairement descriptif de sa vie:

«Croyez-moi, cher ami, que là où il y a de la politique,
«il n'y a ni vérité ni justice. J'ai suivi la doctrine de Jésus-
«Christ, depuis que je l'ai comprise. Les conséquences en ont
«été qu'on m'a volé, trompé, et qu'on a payé des assassins pour
«m'ôter la vie. Arrivé dans ma soixantième année, c'est assez
«de maux: et si le Tout-puissant veut bien, je suis prêt à
«partir.»

« S'il est d'un intérêt général de connaître le visage de l'infortuné Louis XVII, tel qu'il était à sa mort, il l'est bien davantage de le comparer avec son visage, tel qu'il était à l'âge de sept ans, et qu'on le voit sur la tabatière qui m'est échue en partage. On peut voir ces deux portraits chez moi.

« Malgré les grands changemens naturels que doit subir le visage de toute créature humaine dans le long espace qui s'écoule entre l'âge de sept ans et celui de soixante ans, *on retrouve, en plaçant les deux portraits à côté l'un de l'autre, une grande ressemblance dans la coupe du visage et des traits.* Me défiant de mon propre jugement, j'ai soumis les deux portraits à celui de quelques peintres distingués, et notamment à l'un des plus célèbres de l'Allemagne, M. Guillaume Hensel, peintre en portraits, de Berlin, membre du Sénat de l'Académie prussienne des Beaux-arts, et peintre de sa Majesté le Roi de Prusse, qui l'a chargé d'une mission en Italie, et qui fut l'été dernier un des hôtes de Carlsbad. *Son opinion en faveur de la ressemblance entre le jeune et le vieux Prince, fut très-décidément prononcée.*

« .... Depuis 1857, il ne s'est pas présenté un seul fait qui aurait pu ébranler ma foi. Quand on connaît les points cardinaux de cette histoire, tout cadre et rien ne cloche........

« .... En fermant cette royale et modeste tabatière, j'y ajoute quelques observations sur l'avenir très-incertain des Bourbons de Bréda, c'est-à-dire *des cinq petits-fils et des trois petites-filles de Louis XVI et de Marie Antoinette,* avec lesquels, depuis mon séjour à Dresde, j'entretiens les relations les plus amicales, notamment avec leur digne mentor et l'historiographe de leur père, M. Gruau de la Barre.

« L'honneur du défunt Louis XVII est vengé, mais sa famille a encore à lutter contre la dénuement : que reste-t-il à désirer pour elle ?

« .... Si une épitaphe publique........ a rendu presque ridicules les doutes qu'on pourrait avoir sur l'identité de Naundorff avec Louis XVII, il en résulte que les cinq fils et les trois filles qu'il a laissés après lui, sont par là mis en scène comme *Princes et Princesses du sang.* Mais comme la royauté et l'indigence ne peuvent marcher de front, *nous nous permettrons de demander très-humblement, s'il ne serait pas digne des puissans de la terre de se coaliser pour assurer aux innocens Bourbons de Breda un heureux avenir ?........ Ne serait-ce pas,* disons-nous, *faire la plus belle des œuvres d'assurer aux enfans de Louis XVII un avenir matériel,* solide et digne de leur illustre nom ; en y mettant même d'avance la condition d'une renonciation formelle à toute prétention à la couronne?

«Les Bourbons et les d'Orléans ont, quel que puisse être leur sort, des biens immenses qui les mettent à l'abri de tout souci pour l'avenir; tandis que les malheureux *Bourbons de Breda* n'ont autre chose à faire qu'à lutter contre le besoin.

«Ces vœux nous sont uniquement inspirés par le sentiment de la plus pure commisération.

«*La véritable histoire de Louis XVII a été et est encore, malgré tous les moyens de s'instruire, négligée en France d'une manière presque incroyable.* Partout, hors la Hollande, il règne à cet égard une étonnante ignorance, et je ne sais où *les Bourbons de Breda* trouveraient le moindre appui.»

Vainement en effet ils ont cherché l'appui légal au sein de la magistrature, qui devrait être le refuge assuré de tous ceux qu'on opprime ou qu'on dépouille de leurs droits. Pour le fils de Louis XVI et ses enfans, il n'y a point eu de justice sur la terre. Mais du moins la veuve et les orphelins *royaux* méconnus, repoussés en 1851 par le Tribunal de 1ière Instance de la Seine, ont trouvé une toute-puissante réhabilitation dans les paroles de leurs généreux défenseurs, que je livre encore en terminant à la conscience du monde impartial.

Leur digne et incomparable avoué m'ecrivait le 21 Décembre 1850:

«........ Notre affaire est encore un mystère au palais pour tout le monde, sauf pour quelques amis intimes à qui j'ai cru pouvoir faire mes confidences.

«Vous savez que j'ai toujours pensé qu'il était de notre intérêt de ne pas arriver devant un tribunal qu'une publicité, nécessairement malveillante, aurait pu prévenir contre cette sainte cause. Nous y arriverons *bardés de preuves et d'argumens irréfutables;* et Dieu aidant, notre bon droit fera le reste.

«Venez donc nous mettre à même d'obtenir justice, et ayons l'espoir qu'elle ne nous faillira pas cette fois........

«Emile Laurens-Rabier.»

Enfin notre éminent avocat, qui dans deux audiences avait développé, d'une manière admirable, ces preuves et ces argumens irréfutables, en répondant à une lettre de Mademoiselle Amélie, la fille aînée du Prince, stigmatisait ainsi la décision du Tribunal:

«Mademoiselle.

«L'expression si touchante et si noble de votre reconnaissance m'est parvenue le jour même où, brisant vos espérances, la justice des hommes vous écrasait sous le poids des présomptions historiques et des considérations politiques. Cette sentence, précédée d'une philippique violente, passionnée, injurieuse, m'a causé plus de peine que de surprise. Je ne l'avais jamais caché à votre fidèle et persévérant ami. Il faudrait presque un miracle pour qu'on daignât faire briller la lumière dans les ténèbres où se cachent tant d'indignes actions; et nous ne sommes plus aux temps où les hommes en place mettaient la vérité au-dessus de toute autre considération. Cependant nous nous sommes fait écouter et cela est beaucoup Une foule de gens qui nous raillaient sont devenus sérieux en nous entendant. L'opinion à été ébranlée. Est-ce un commencement de justice? Je n'ose m'y fier, mais je ne puis m'empêcher de signaler ce symptôme. M. Gruau de la Barre quoique douloureusement affecté ne perd pas courage. Il appartient à ces natures rares, trempées par la main de Dieu, armées pour combattre le mal et supporter héroïquement la persécution. Que Dieu soit béni de vous avoir donné un si brave et si pur champion! A côté de lui mérite bien d'être placé votre chaleureux et intelligent défenseur, M⁰. Laurens-Rabier: il n'a pas peu contribué à me soutenir, à m'aider dans l'exécution de ma périlleuse et difficile tâche. Du reste nous ne déposons pas les armes. Nous avons déjà surmonté des difficultés bien grandes; il serait mal de reculer devant celles que l'avenir nous reserve. Hélas! les plus cruelles, les plus nombreuses vous sont destinées. Vous êtes l'ange de la douleur, et si Dieu mesure les souffrances aux mérites, vous avez reçu de lui des grâces bien extraordinaires. Croyez que la pensée de ces épreuves ne me quitte point, et que je serais bien heureux et bien fier d'y pouvoir mettre un terme en vous faisant rendre justice.

«Je vous prie, Mademoiselle, de me rappeler au souvenir de tous les membres de votre famille, et de croire à mes sentimens d'inaltérable et respectueux dévouement.

«Ce 7 Juin 1851.

«Jules Favre.»

Je me flatte, M. le Rédacteur, que devant des convictions aussi souverainement décisives, l'auteur de la critique ne dira plus que nos preuves sont rares et peu convaincantes.

J'ai l'honneur d'être etc.

M. Gruau de la Barre.

Au moment où venait de se terminer l'impression de ma lettre au rédacteur de la *Revue contemporaine*, le rédacteur de *l'Indépendance Belge* se mettait dans le cas de recevoir aussi de ma part une réclamation, par l'extrait d'une de ses correspondances ainsi conçu :

«Jeudi, 2 Septembre 1858.

«Nouvelles d'Allemagne.

«(*Correspondance particulière de* l'Indépendance Belge.)

«Berlin, 31 Août.

«Une feuille judiciaire de notre ville publie un fait très-
«curieux dont elle garantit l'exactitude. Parmi les objets lais-
«sés par une vieille femme morte dans un de nos hôpitaux, on
«a trouvé un fauteuil très-ancien, de style gothique, et fort
«richement garni. Lors de la vente, ce fauteuil a été acheté
«par un étranger au prix de cinq cents francs, mais l'éton-
«nement provoqué par cette enchère a cessé, quand on a connu
«la généalogie de ce meuble. Ce siége a été offert autrefois,
«avec d'autres objets, par les Etats de Moehren à l'impéra-
«trice Marie-Thérèse, et pendant de longues années il figura
«dans son boudoir diplomatique. Après la mort de cette sou-
«veraine il passa, d'après sa volonté expresse, à la reine
«Marie-Antoinette, et plus tard il forma l'un des principaux
«objets d'ameublement accordés à Louis XVI dans sa prison du
«Temple. Le valet de chambre du Roi, Fleury, hérita du
«fauteuil, et il l'emporta en Angleterre où il devint la pro-
«priété du prince-régent et plus tard celle du duc de Cumber-
«land, qui le rapporta avec lui à Berlin. Là il fut remis à
«un tapissier pour le restaurer, et l'ouvrier chargé de ce travail
«trouva dans le dossier une épingle en brillants, le portrait
«d'un jeune garçon dessiné au crayon, et une quantité de petits
«feuillets couverts d'une écriture très-fine. Il cacha sa trou-
«vaille, vendit l'épingle et donna le portrait ainsi que les feuil-
«lets écrits en langues étrangères à un ami, un horloger,
«qui parvint à les lire. C'était une série d'indications secrètes,
«très-importantes, que Louis XVI avait rédigées dans l'espoir
«qu'elles parviendraient au Dauphin, son fils, dont le portrait
«y était joint, et qu'elles serviraient à rendre son évasion
«possible.

«L'horloger, dans les mains duquel cette trouvaille était
«tombée, s'appelait Naundorf. Quelques années plus tard,
«s'appuyant sur ces documents secrets, il se posa en préten-
«dant et déclara être Louis XVII. Ce prétendant a fait assez
«de bruit en France et en Belgique, où il vécut en 1844 sous
«le nom de Morel de Saint-Didier. Il mourut en 1849. Son
«fils, qui s'intitulait duc de Normandie, partit pour Java en
«1853. Le tapissier berlinois qui connaissait la découverte de
«ces documents, mais qui avait de bonnes raisons pour se taire,
«est mort lui-même depuis cette époque, après avoir confié
cette aventure à ses parents. Après l'avènement au trône du
«duc de Cumberland, le fauteuil était resté à Berlin et tombé
«entre les mains d'un particulier. Mais le parent du tapissier
«avait attentivement suivi toutes les phases de la carrière de
«ce meuble, et lorsqu'il fut mis en vente, il s'est empressé
«de l'acquérir pour le faire reconnaître authentiquement et le
«revendre en Autriche.»   «O.»

Voici ma réponse :

Breda, 4 Septembre 1858.

Monsieur le Rédacteur.

J'ai été l'ami et le défenseur des droits méconnus du duc de
Normandie, pendant son existence. J'ai publié la vie de cet
infortuné prince et prouvé, par des élémens de certitude
qui ne peuvent pas tromper la raison, la légitimité de sa
naissance royale que le monde politique lui conteste; de sorte
qu'il n'y a pas de vérité plus évidemment établie que celle de
l'évasion du Dauphin du Temple et de l'identité de Naundorff
avec le fils de Louis XVI. Resté l'ami dévoué et le conseil de
la famille du duc de Normandie, subrogé-tuteur de ses enfans mineurs, je ne puis laisser passer sans réponse l'article
qui le concerne, extrait d'une de vos *correspondances parti-
culières* venue d'Allemagne et insérée dans votre feuille du 2
de ce mois; je vous prie donc de publier la présente réclamation dans le prochain numéro de votre journal.

Votre correspondant, Monsieur le Rédacteur, signale *Naundorff* comme un imposteur, sur l'autorité d'une *feuille judiciaire* de Berlin, — pays des inventions les plus absurdes et
les plus contradictoires contre Louis XVII — *qui garantit
l'exactitude* des faits dont je donne ici le résumé, pour être
compris de ceux qui ne connaissent pas le récit berlinois.

«Naundorff, dit-on, qui se posa en prétendant, et déclara
«être Louis XVII, s'appuya sur des documens secrets, consi-

«gnés dans une quantité de petits feuillets couverts d'une
«écriture très-fine, *écrits en langues étrangères :* c'était une
«série d'indications secrètes rédigées par Louis XVI, à la Tour
«du Temple, *dans l'espoir qu'elles parviendraient au Dauphin,*
«*son fils, et qu'elles serviraient à rendre son évasion pos-*
«*sible.*»

«Ces feuillets avaient été cachés par le roi dans le dossier
«d'un fauteuil qui avait été donné par l'impératri ce Marie-Thérèse
«à la reine Marie-Antoinette, et forma *l'un des principaux objets*
«*d'ameublement accordés à Louis XVI dans la prison du*
«*Temple.* Le fauteuil devint l'héritage du valet de chambre du
«roi, passa dans les mains du prince-régent d'Angleterre,
«plus tard dans celles du duc de Cumberland, plus tard
«encore, parmi les effets vendus d'une pauvre vieille femme,
«morte dans un des hôpitaux de Berlin. Mis en vente, il fut
«acquis par le parent d'un tapissier à qui il avait été remis
«pour qu'il le restaurât. Cet ouvrier trouva dans le dossier
«du fauteuil les petits feuillets. Comme ils étaient en langues
«étrangères, c'était pour lui de l'hébreu. Mais il avait pour
«ami *l'horloger Naundorff ;* il les lui donna, *Naundorff* par-
«vint à les lire, et s'en servit pour faire croire qu'il était
«le Dauphin.»

Voilà, certes, Monsieur le Rédacteur, une bien curieuse découverte, et un fauteuil qu'on peut regarder comme une des
plus grandes merveilles du 19e siècle ; car, selon l'éditeur de
la feuille judiciaire, il fait disparaître, on dirait presque
magiquement, l'infortuné Dauphin, dont un demi-siècle de
mensonges historiques, d'intrigues diplomatiques, d'arbitraire
et d'illégalités de la part des gouvernemens ; dont le poison,
le poignard, les balles et le feu, n'avaient pas pu jusqu'à ce
jour débarrasser la politique

Monsieur le Rédacteur, permettez-moi de le dire : on vous a
fait un conte en l'air ; et celui qui en est l'inventeur a oublié, —
en homme d'esprit qu'il est, je suppose, — d'y donner une
couleur apparente de vraisemblance par des détails plus précis
et mieux combinés. Par exemple il aurait dû, expliquer comment la pauvre vieille était devenue propriétaire du fauteuil
historique après le duc de Cumberland ; faire intervenir une
fée pour introduire dans la Tour du Temple *la qu antité de pe-*
tits feuillets, sous l'oeil des féroces geôliers de Louis XVI,
sans qu'ils s'en aperçussent ; comment le roi avait eu la pensée, — assez incroyable — que son fils aurait peut-être le
fauteuil à sa disposition, qu'il devinerait alors que des renseignemens cachés dans le dossier lui apprendraient les moyens

de s'évader du Temple, qu'il pourrait tromper la surveillance de ses gardiens pour les lire, et que lui, tout seul, pauvre enfant âgé de huit ans, aurait la capacité de déchiffrer et comprendre *des indications écrites en langues étrangères*, et la possibilité de les mettre à profit pour sortir de prison. Il aurait dû nommer le parent du tapissier et le tapissier aussi; dire quand ce tapissier était devenu l'ami de *Naundorff*, pourquoi il lui avait fait cadeau des petits feuillets. Il aurait dû révéler quelles étaient les langues étrangères que *l'horloger* avait pu lire et comprendre, quelles furent les indications données par Louis XVI, à quelle époque *Naundorff* commença à en faire usage, et comment il s'y prit pour se poser en prétendant, rendant introuvables, en Prusse et ailleurs, le père et la mère Naundorff qu'il eût eu nécessairement, s'il n'avait pas été le fils de Louis XVI.

Vous concevez bien, Monsieur le Rédacteur, que dans l'absence de ces éclaircissemens, et de beaucoup d'autres indispensables, l'éditeur de la feuille berlinoise a traité ses lecteurs comme de petits enfans qu'on amuse par des contes de peau d'âne, de ma mère l'oie, de barbe bleue et des mille et une nuits.

Vouloir réfuter par la raison de pareilles fadaises, ce serait presque faire oeuvre de folie; car il faudrait admettre la possibilité que le fauteuil révélateur contînt les documens historiques qui démontrent l'évasion du Dauphin du Temple, et que Naundorff n'a jamais connus, la ressemblance de *Naundorff* avec Louis XVI et Marie-Antoinette, la ressemblance de ses enfans avec les divers membres de la famille des Bourbons, les signes naturels que le Dauphin portait sur son corps, et qui se sont trouvés sur celui de *Naundorff*, les motifs de conviction qui l'ont fait reconnaître par tous les anciens serviteurs de la cour de Louis XVI; que vous dirai-je enfin, tous les faits qui se sont groupés depuis 1795, pour faire de l'horloger un être d'épouvante aux yeux des puissances publiques, qui l'ont écrasé sous le poids de leurs persécutions et de leurs permanens dénis de justice. Mais je veux éclairer vos lecteurs sur le mérite des exactitudes garanties par le journaliste berlinois.

La généalogie de son fauteuil est aussi fausse que le nom qu'il donne au valet de chambre du Roi, qui s'appelait *Cléry*, et non pas *Fleury*.

Les meubles qui composaient l'ameublement des pièces occupées par la famille royale prisonnière avaient été pris au palais du Temple; les archives nationales de France en font foi, et

Cléry l'affirme dans ses mémoires. Par conséquent le fauteuil vendu à Berlin, qui n'était point entré dans la Tour du Temple, n'a pas pu en sortir, ni être l'héritage de Cléry : dire le contraire, c'est commettre une grossière erreur historique.

On affirme en outre que *Naundorff* a vécu en 1844 en Belgique sous le nom de M. Morel de Saint-Didier, qu'il est mort en 1849, et que son fils, qui s'intitulait duc de Normandie, est parti pour Java en 1853.

Ce sont là autant de faits dont, moi, je garantis la fausseté, sans craindre un démenti. M. Morel de Saint-Didier a, par le témoignage de sa mère, attesté l'évasion du Dauphin et l'origine royale de *Naundorff ;* il fut l'ami fidèle du prince et l'un de ses plus énergiques apologistes. Le prince n'a jamais pris le nom de Morel de Saint-Didier, il n'a jamais été en Belgique ; il est mort à Delft (Hollande) en 1845 ; son fils aîné ne s'intitule point duc de Normandie, parce que ce titre, conféré par Louis XVI au Dauphin, n'était point héréditaire ; il habite Breda avec sa famille et moi, et depuis 1845 qu'il réside en Hollande, il n'a point quitté ce pays.

Quand cessera-t on donc, Monsieur le Rédacteur, de faire abjuration du sens commun, en combattant par des non-sens des mensonges et des futilités, une vérité certaine, que chaque parole qui sort de la bouche de nos contradicteurs confirme ? Quand la presse honnête, prépondérante et impartiale comme la vôtre, ne fermera pas ses colonnes aux protestations du bon droit. Alors seulement, ceux qui se plaisent à égarer l'opinion publique, pour détourner l'intérêt dû à une famille innocente et persécutée, se tairont, dans la crainte de s'exposer à des répliques qui mettent à découvert le ridicule de leurs perfides insinuations.

Espérant obtenir de vous la justice que je requiers, Monsieur le Rédacteur, j'ai l'honneur d'être avec la considération la plus distinguée,

Votre Serviteur

Cte M. Gruau de la Barre.

Le Rédacteur de *l'Indépendance*, fort peu indépendant sans doute, n'a pas mieux compris son devoir que celui de la *Revue contemporaine*. L'impartialité fait défaut à certains organes de la presse calomniatrice de Louis XVII. On insulte aux malheurs d'une famille royale tombée, que le monde politique rejette ; qu'on sait impuissante pour se faire protéger légalement ; on lui refuse la satisfaction qu'elle a le droit d'exiger ; parce qu'on n'a rien à craindre d'elle... ! *C'est une lâcheté... !*